D0536900

¡Hola, América!
La Estatua de la Libertad

por R.J. Bailey

Bullfrog Books

Ideas para padres y maestros

Bullfrog Books permite a los niños practicar la lectura de texto informacional desde el nivel principiante. Repeticiones, palabras conocidas y descripciones en las imágenes ayudan a los lectores principiantes.

Antes de leer

- **Hablen acerca de las fotografías. ¿Qué representan para ellos?**

- **Consulten juntos el glosario de fotografías. Lean las palabras y hablen de ellas.**

Lean en libro

- **"Caminen" a través del libro y observen las fotografías. Deje que el niño haga preguntas. Señale las descripciones en las imágenes.**

- **Lea el libro al niño, o deje que él o ella lo lea independientemente.**

Después de leer

- **Inspire a que el niño piense más. Pregunte: ¿Alguna vez has ido a la Estatua de la Libertad? ¿Entraste a la estatua?**

Bullfrog Books are published by Jump!
5357 Penn Avenue South
Minneapolis, MN 55419
www.jumplibrary.com

Library of Congress Cataloging-in-Publication Data

Names: Bailey, R.J., author.
Title: La Estatua de la Libertad / por R.J. Bailey.
Other titles: Statue of Liberty. Spanish
Description: Minneapolis, Minnesota: Jump!, Inc. [2016] | Series: ¡Hola, América!
Includes index. Audience: Grades K–3.
Identifiers: LCCN 2016016364 (print)
LCCN 2016016570 (ebook)
ISBN 9781620315057 (hardcover: alk. paper)
ISBN 9781620315200 (paperback)
ISBN 9781624964688 (ebook)
Subjects: LCSH: Statue of Liberty (New York, N.Y.)—Juvenile literature. | New York (N.Y.)—Buildings, structures, etc.—Juvenile literature.
Classification: LCC F128.64.L6 B3518 2016 (print)
LCC F128.64.L6 (ebook) | DDC 974.7/1—dc23
LC record available at https://lccn.loc.gov/2016016364

Editor: Kirsten Chang
Series Designer: Ellen Huber
Book Designer: Molly Ballanger
Photo Researcher: Kirsten Chang
Translator: RAM Translations

Photo Credits: Age Fotostock, 3, 18; Alamy, 9, 20–21; Corbis, 16; Getty, 4, 14–15, 17, 18–19; Lee Snider Photo Images/Shutterstock.com, 23tr; Shutterstock, cover, 1, 5, 6–7, 8, 12–13, 20–21, 22, 23bl, 23tl, 24; Superstock, 10–11, 23br; Thinkstock, 12–13.

Printed in the United States of America at Corporate Graphics in North Mankato, Minnesota.

Tabla de contenido

La Señora de Luz

¡Ahí está! ¿Quién?

La Estatua de la Libertad.

Ella vive en una isla.

**Está en el puerto
de Nueva York.**

puerto

isla

¡Asombroso!
Ella es alta.

¿Qué tan alta?

¡Mide 46 metros
(151 pies)!

¿Quién la hizo?

La hicieron en Francia.

Fue en el año de 1886.

Ella fue un regalo a
los Estados Unidos.

Ella es un símbolo
de la libertad.

Sostiene un libro.

¿Qué está escrito en él?

Una fecha.

El 4 de julio de 1776.

¡Es el cumpleaños de los Estados Unidos!

Sostiene también una antorcha. Está encendida. La mantiene en alto.

Usa una corona.

Tiene puntas. ¿Cuántas?

Siete.

puntas

Podemos entrar.

Subamos. ¡Asombroso!

Hay muchas escaleras.

¡Mira! Podemos ver lejos.

¡Amamos a la Señora Libertad!

La Señora Libertad de cerca

puntas
La corona de la Estatua de la Libertad tiene siete puntas.

antorcha
Las llamas de la antorcha están chapeadas en oro, lo cual hace que parezcan que están encendidas.

corona
Hay 25 ventanas en la corona de la Estatua de la Libertad.

libro
La fecha en la portada del libro es el día que los colonos americanos se declararon un país independiente y separado del yugo británico.

Glosario con fotografías

estatua
Parecido (como de una persona) esculpido en una substancia sólida.

puerto
Lugar donde los barcos y buques entran en la costa.

Francia
Un país en Europa.

símbolo
Diseño, figura u objeto que representa algo mas.

Índice

Para aprender más

Aprender más es tan fácil como 1, 2, 3.

1) Visite www.factsurfer.com

2) Escriba "LaEstatuadelaLibertad" en la caja de búsqueda.

3) Haga clic en el botón "Surf" para obtener una lista de sitios web.

Con factsurfer.com, más información está a solo un clic de distancia.

24